LA QUINTA DIMENSIÓN

GUÍA DE ESTUDIO

Para derechos extranjeros y subsidiarios, comuníquese con el autor.

Diseño de portada por: Sara Young
Foto de portada por: Andrew van Tilborgh

ISBN: 978-1-964794-13-6   1 2 3 4 5 6 7 8 9 10

Impreso en los Estados Unidos.

GUÍA DE ESTUDIO

LA QUINTA DIMENSIÓN

N. CHARLES OLMEDA, PH.D.

AVAIL

ÍNDICE

LA QUINTA DIMENSIÓN

REVELANDO EL CAMINO HACIA LA PLENITUD Y MÁS ALLÁ

N. CHARLES OLMEDA, PH.D.

INTRODUCCIÓN

Nunca vivas con tanta prisa que no te des el tiempo de pensar dónde te encuentras.

REVISE, REFLEXIONE, Y RESPONDA:

¿Qué experiencia personal del texto resuena más con tu propio viaje de sentirte perdido(a) o inseguro(a) sobre tu camino?

_____

_____

_____

_____

_____

_____

_____

¿Alguna vez has tenido un momento en el que pensaste que sabías hacia dónde ibas, solo para darte cuenta de que estabas en el camino equivocado? ¿Qué aprendiste de esa experiencia?

_____

_____

_____

_____

_____

_____

_____

_____

> *"Porque yo sé los planes que tengo para ustedes"—declara el Señor—"planes de bienestar y no de calamidad, a fin de darles un futuro y una esperanza."*
>
> **—Jeremías 29:11 (NVI)**

Reflexione sobre el siguiente pasaje:

¿Cómo has experimentado la verdad de Jeremías 29:11 en tu propia vida?

_____

_____

_____

_____

_____

_____

_____

_____

¿En qué área sigues esperando ver esta promesa cumplida?¿Cómo puedes cultivar confianza en el plan de Dios incluso cuando el camino parece incierto?

_____

_____

_____

_____

_____

_____

_____

_____

Medita en el Salmo 143:8 (NVI): *"Por la mañana hazme saber de tu gran amor, porque en ti he puesto mi confianza.* **Muéstrame el camino que debo seguir**, *porque a ti elevo mi alma."* ¿Qué tan bien confías en Dios con tu vida? Explícalo.

_____

_____

_____

_____

_____

_____

_____

_____

_____

_____

_____

¿De qué manera resuena contigo el concepto de dimensiones como camino hacia el cumplimiento de sueños del tamaño de Dios?

_____

_____

_____

_____

_____

_____

_____

_____

_____

¿Cómo manejas normalmente los altibajos en la búsqueda de tus sueños? ¿Esto te beneficia o te perjudica? ¿En qué manera?

_____

_____

_____

_____

_____

_____

_____

_____

_____

¿Por qué crees que es tan importante identificar tu dimensión actual para discernir el propósito de Dios en tu vida?

_____

_____

_____

_____

_____

_____

_____

_____

En Juan 10:10 (BSB), Jesús dice: *"El ladrón no viene más que a robar, matar y destruir; yo he venido para que tengan vida y **la tengan en abundancia**."* ¿Qué está robando, matando o destruyendo el enemigo en tu vida? ¿Cómo se vería tener una vida plena en esas áreas?

_____

_____

_____

_____

_____

_____

_____

_____

PRIMERA DIMENSIÓN

SUEÑOS Y VISIONES

CAPÍTULO I

DÓNDE TODO COMIENZA

Los sueños y visiones del tamaño de Dios no tienen tanto que ver con el objetivo final, aunque eso importa, sino con el viaje transformador hacia ese objetivo.

Al leer el Capítulo 1: "Dónde Todo Comienza" en *La Quinta Dimensión,* revise, reflexione y responda a las siguientes preguntas.

REVISE, REFLEXIONE, Y RESPONDA:

¿Hay sueños en tu vida que has dejado de perseguir? Si es así, ¿por qué los dejaste y qué necesitarías para retomarlos?

_____

_____

_____

_____

_____

_____

_____

_____

_____

Reflexione sobre un sueño que tuviste y que no resultó como esperabas. ¿Cómo afectó ese resultado tu creencia en seguir persiguiendo otros sueños?

_____

_____

_____

_____

_____

_____

_____

_____

_____

Reflexione sobre el siguiente pasaje:

¿Hay algún sueño o meta que compartiste con otros y que fue recibido con resistencia o crítica? ¿Cómo afectó esa experiencia tu forma de soñar?

_____

_____

_____

_____

_____

_____

_____

Cuando enfrentas oposición a tus sueños, ¿tiendes a retirarte o a esforzarte más? ¿Cómo influye esa reacción en el resultado de tus esfuerzos?

_____

_____

_____

_____

_____

_____

_____

_____

¿De qué maneras te has atado al dolor y los fracasos de tu pasado? ¿Qué debes hacer para soltarlos para avanzar con los sueños del tamaño de Dios que Dios ha puesto en tu corazón?

_____

_____

_____

_____

_____

_____

_____

Salmo 27:13 (NTV) dice: *"Sin embargo, **estoy seguro de que veré la bondad del Señor** mientras estoy aquí en la tierra de los vivos."* ¿En qué área de tu vida te cuesta creer que prevalecerá la bondad de Dios?

_____

_____

_____

_____

_____

_____

_____

Considera cómo defines el éxito. ¿Se alinean tus definiciones personales con la idea de éxito de Dios, como se sugiere en este capítulo? Si no, ¿cómo podrías recalibrar tus expectativas?

_____

_____

_____

_____

_____

_____

_____

_____

Juan 15:7-8 (NVI) dice, *"Si permanecen en mí y mis palabras permanecen en ustedes, pidan lo que quieran y se les concederá.* **Esto es para la gloria de mi Padre, que den mucho fruto,** *mostrando así que son mis discípulos."* ¿Qué deseos o peticiones has dudado en llevar ante Dios? ¿Cómo podría esto ser un obstáculo para dar buen fruto?

_____

_____

_____

_____

_____

_____

_____

Piensa en un momento en el que te sentiste sin la preparacion para perseguir un gran sueño o meta. ¿Cómo respondiste a esos sentimientos de insuficiencia y qué aprendiste de esa experiencia?

_____

_____

_____

_____

_____

_____

Considera Génesis 12:1-4 (NVI): *"El Señor había dicho a Abram: «Deja tu tierra, tus parientes y la casa de tu padre, y vete a la tierra que te mostraré. Haré de ti una nación grande, y te bendeciré; haré famoso tu nombre, y serás una bendición. Bendeciré a los que te bendigan, y maldeciré a los que te maldigan; ¡por medio de ti serán bendecidas todas las familias de la tierra!» Entonces Abram partió, tal como el Señor se lo había ordenado, y Lot se fue con él. Abram tenía setenta y cinco años cuando salió de Harán."* ¿Qué te está llamando Dios a dejar atrás—sea una zona de conformidad, una relación o una identidad personal—para que puedas entrar en la promesa que Él ha preparado para ti? ¿Qué miedos, excusas o apegos te están deteniendo de dar ese primer paso?

_____

_____

_____

_____

_____

_____

_____

_____

_____

_____

_____

CAPÍTULO 2

¡SAL! ¡SAL, DONDE QUIERA QUE ESTÉS!

Cuando tus limitaciones personales terminan, comienzan las posibilidades ilimitadas de Dios.

TIEMPO DE LECTURA

Al leer el Capítulo 2: "¡Sal! ¡Sal, Donde Quiera Que Estés!" en *La Quinta Dimensión*, revise, reflexione y responda a las siguientes preguntas.

REVISE, REFLEXIONE, Y RESPONDA:

¿Qué zonas de conformidad te están deteniendo de aprovechar nuevas oportunidades o enfrentar desafíos? ¿Cómo han limitado estas áreas familiares tu crecimiento?

_____

_____

_____

_____

_____

_____

_____

_____

¿Qué sientes que Dios te está pidiendo que sueltes? ¿Qué emociones surgen cuando consideras dejar ir esas cosas?

_____

_____

_____

_____

_____

_____

_____

_____

_____

> *"El Señor lo llevó afuera y le dijo: 'Mira al cielo y cuenta las estrellas, si es que puedes contarlas.' Luego añadió: 'Así de numerosa será tu descendencia.' Abram creyó al Señor, y el Señor se lo reconoció como justicia."*
>
> **—Génesis 15:5-6 (NVI)**

Reflexione sobre el siguiente pasaje:

¿En qué área de tu vida sientes que Dios te está pidiendo que mires más allá de lo que ves y confíes en Él para algo más grande?

_____

_____

_____

_____

_____

_____

_____

¿Alguna vez has sentido que Dios te pidió que confiaras en algo que parecía imposible o fuera de tu capacidad? ¿Cómo respondiste y qué aprendiste de esa experiencia?

_____

_____

_____

_____

_____

_____

_____

Considera Lucas 18:27 (NVI): *"Lo que es imposible para los hombres es posible para Dios."* ¿Cómo te desafía esta verdad en tu perspectiva actual sobre algún obstáculo que estás enfrentando?

_____

_____

_____

_____

_____

_____

_____

_____

_____

_____

Génesis 15:1 (NVI) dice: *"Después de esto, la palabra del Señor vino a Abram en una visión: 'No temas, Abram. **Yo soy tu escudo y muy grande será tu recompensa."'** ¿Dónde sientes que Dios te está llamando a moverte—física, emocional o espiritualmente—pero has dudado en seguir adelante? ¿Qué te está deteniendo?

_____

_____

_____

_____

_____

_____

_____

_____

_____

_____

¿Qué podría estar en juego—no solo para ti, sino también para otros—si te quedas en tu zona de conformidad? ¿Cómo podría tu obediencia desbloquear bendiciones para otros, tal como la obediencia de Abram trajo bendición a muchos?

_____

_____

_____

_____

_____

_____

_____

_____

_____

_____

_____

Pablo nos instruye: *"Ahora bien, la fe es la garantía de lo que se espera, la certeza de lo que no se ve"* (Hebreo 11:1, NVI). ¿En qué área de tu vida necesitas actuar con confianza, incluso si todavía no puedes ver el resultado?

_____

_____

_____

_____

_____

_____

_____

_____

_____

_____

_____

CAPÍTULO 3

SUEÑOS INESPERADOS

Los sueños sin acciones pueden convertirse en pesadillas.

TIEMPO DE LECTURA

Al leer el Capítulo 3: "Sueños Inesperados" en *La Quinta Dimensión*, revise, reflexione y responda a las siguientes preguntas.

REVISE, REFLEXIONE, Y RESPONDA:

Piensa en un momento cuando una situación inesperada cambió tu camino. ¿Cómo respondiste y qué aprendiste de esa experiencia?

_____

_____

_____

_____

_____

_____

_____

_____

_____

¿Cómo sueles reaccionar cuando la vida toma un camino inesperado? ¿Te adaptas o resistes? ¿Qué revela tu respuesta sobre tu confianza en Dios?

_____

_____

_____

_____

_____

_____

_____

_____

*"Recuerda la instrucción que diste a tu siervo Moisés:
'Si ustedes me son infieles, los dispersaré entre las
naciones; **pero si vuelven a mí y obedecen mis
mandamientos**, aunque hayan sido llevados al lugar
más lejano del mundo, los reuniré y los llevaré al lugar
que he escogido como morada para mi nombre.'"*

*"**Ellos son tus siervos y tu pueblo**, a quienes redimiste con
tu gran poder y tu mano poderosa. Señor, **que tu oído esté
atento a la oración de este tu siervo** y a la oración de tus
siervos que se deleitan en honrar tu nombre. **Concede hoy
éxito a tu siervo**, otorgándole tu favor ante este hombre."*

—Nehemías 1:8-11 (NVI)

Reflexione sobre el siguiente pasaje:

¿Tienes algún sueño en tu vida que ha sido retrasado o
desviado? Según esta escritura, ¿qué condiciones se necesitan
para que Dios cumpla tus sueños del tamaño de Dios?

_____

_____

_____

_____

_____

_____

_____

¿En qué área de tu vida necesitas pedir con valentía el favor de
Dios? ¿Crees que recibirás lo que estás pidiendo?

_____

_____

_____

_____

_____

_____

_____

Reflexione sobre Nehemías 6:15-16 (NVI): *"Así que el muro quedó terminado el veinticinco de Elul, en cincuenta y dos días. Cuando **todos nuestros enemigos** se enteraron, las naciones vecinas se **sintieron humilladas** y **reconocieron que esta obra había sido hecha con la ayuda de nuestro Dios."** ¿De qué manera el perseguir grandes sueños con la guía y fuerza de Dios te distingue de los demás?

_____

_____

_____

_____

_____

_____

_____

_____

Santiago 2:17 (NVI) dice: *"Así también la fe por sí sola, si no tiene obras, está muerta."* En tus propias palabras, ¿qué significa esto y cómo se aplica a tus sueños del tamaño de Dios?

_____

_____

_____

_____

_____

_____

_____

_____

_____

_____

¿Ha habido momentos en los que descartaste un sueño porque no coincidía con tus planes originales? ¿En qué area tendría que entregar el control y permitir que Dios te lleve a algo inesperado?

_____

_____

_____

_____

_____

_____

_____

_____

_____

_____

_____

_____

_____

¿Cómo te anima la historia de Nehemías a seguir construyendo algo significativo, incluso cuando los desafíos parecen abrumadores?

_____

_____

_____

_____

_____

_____

_____

_____

_____

_____

_____

_____

CAPÍTULO 4

MALENTENDIDOS

Los sueños del tamaño de Dios siempre encontrarán cierto grado de malentendidos y envidia.

TIEMPO DE LECTURA

Al leer el Capítulo 4: "Malentendidos" en *La Quinta Dimensión*, revise, reflexione, y responda a las siguientes preguntas.

REVISE, REFLEXIONE, Y RESPONDA:

¿Alguna vez te has sentido rechazado o aislado porque otros no comprendieron la importancia de tus sueños del tamaño de Dios? ¿Cómo manejaste esa experiencia y qué aprendiste de ella?

_____

_____

_____

_____

_____

_____

_____

_____

_____

¿De qué manera los malentendidos de otros acerca de tus sueños podrían encajar en un plan más grande en tu vida?

_____

_____

_____

_____

_____

_____

_____

_____

_____

> *"Jabes clamó al Dios de Israel diciendo: '¡Oh, si me bendijeras y ensancharas mi territorio! Que tu mano esté conmigo, líbrame del mal y no permitas que sufra dolor.' Y Dios le concedió lo que pidió."*
>
> **—1 Crónicas 4:10 (NVI)**

Reflexione sobre el siguiente pasaje:

Jabes pidió que se ampliara su territorio a pesar de los desafíos que eso pudiera traer. ¿Qué "territorio" en tu vida necesita crecer y qué desafíos te preocupan que puedan surgir?

_____

_____

_____

_____

_____

_____

_____

_____

¿Qué te dice este pasaje sobre la fidelidad de Dios en comparación con el tamaño de nuestros desafíos?

_____

_____

_____

_____

_____

_____

_____

_____

¿Cuándo fue la última vez que compartiste un sueño o visión con alguien y te sentiste ignorado? ¿Qué pasos puedes tomar para proteger tus sueños sin desanimarte?

_____

_____

_____

_____

_____

_____

_____

_____

_____

_____

_____

_____

Mateo 5:11 (NTV) dice: *"Dios bendice a ustedes cuando la gente les hace burlay los persigue y miente acerca de ustedes y dice toda clase de cosas malas en su contra porque son mis seguidores."* ¿Cómo te anima este versículo a perseverar frente a la oposición?

_____

_____

_____

_____

_____

_____

_____

_____

_____

¿Cómo equilibras mantenerte fiel a tu sueño con mantenerte humilde y abierto a la corrección de voces confiables?

_____

_____

_____

_____

_____

_____

_____

_____

_____

Considera Salmo 139:1 (ESV): *"Oh Jehová, tú me has examinado y conocido."* ¿Por qué es relevante saber que Dios te entiende completamente en tu camino a través de las cinco dimensiones?

_____

_____

_____

_____

_____

_____

_____

¿Hay algún malentendido o conflicto que necesitas resolver con alguien? ¿Cómo podrían la claridad y la comunicación abierta ayudar a restaurar esa relación mientras permaneces fiel a tus valores?

_____

_____

_____

_____

_____

_____

_____

_____

_____

CAPÍTULO 5

EL TIEMPO ES TU MEJOR AMIGO

*Los obstáculos no son
bloqueos; son escalones.*

REVISE, REFLEXIONE, Y RESPONDA:

Piensa en un momento en el que un largo período de espera te hizo cuestionar la validez de un sueño del tamaño de Dios. ¿Cómo ha cambiado tu perspectiva sobre esa experiencia con el tiempo?

_____

_____

_____

_____

_____

_____

_____

_____

¿Cómo es el tiempo una parte necesaria para cumplir los sueños? ¿Cómo puede la espera servir como protección para el cumplimiento de la visión de Dios para tu vida?

_____

_____

_____

_____

_____

_____

_____

_____

_____

Reflexione sobre el siguiente pasaje:

¿Cómo el esperar en el Señor renueva nuestras fuerzas? ¿Qué tiene la espera que regenera nuestra capacidad para perseverar más allá de la duda, el desánimo y la desesperanza?

_____

_____

_____

_____

_____

_____

_____

¿Puedes identificar un momento en el que la verdad de esta escritura se cumplió en tu vida? ¿Qué crees que Dios estaba haciendo en ese período de espera mientras te dirigías hacia la quinta dimensión del cumplimiento de sueños?

_____

_____

_____

_____

_____

_____

_____

¿Qué tan lejos sientes que está el cumplimiento de tu sueño del tamaño de Dios? ¿Crees que hay un propósito en lo que estás esperando o a menudo sientes que es tiempo perdido?

_____

_____

_____

_____

_____

_____

_____

_____

_____

_____

_____

Habacuc 2:3 (ESV) nos anima, *"Pues la visión se cumplirá en el tiempo señalado; se apresura hacia **el fin y no fallará**. Aunque parezca tardar, **espérala**, porque sin duda vendrá y **no se demorará**."* Piensa en un sueño o meta que ha tardado en desarrollarse. ¿Qué has aprendido durante este tiempo de espera que no habrías aprendido de otra manera?

_____

_____

_____

_____

_____

_____

_____

_____

_____

_____

_____

Pablo nos exhorta en Gálatas 6:9 (NVI) a *"no nos cansemos de hacer el bien, porque a su debido tiempo **cosecharemos** si **no nos rendimos**."* ¿Qué "buenas" cosas estás haciendo ahora mientras esperas el cumplimiento de tus sueños del tamaño de Dios?

_____

_____

_____

_____

_____

_____

_____

_____

_____

_____

_____

La historia del autor sobre su encuentro con un acosador inspira a seguir adelante frente a las críticas. ¿Qué aspectos de su enfoque podrías aplicar a tu propia situación?

_____

_____

_____

_____

_____

_____

_____

_____

_____

_____

_____

_____

SEGUNDA DIMENSIÓN

FRACASO O TRAICIÓN

CAPÍTULO 6

CUANDO EL FRACASO SE CONVIERTE EN PARTE DEL PROCESO

O pagas ahora y disfrutas después, o disfrutas ahora y pagas después, pero tarde o temprano tienes que pagar.

REVISE, REFLEXIONE, Y RESPONDA:

Piensa en un momento en el que el fracaso inesperadamente moldeó tu camino. ¿Cómo afectó tu confianza y te acercó o alejó de perseguir tus sueños?

_____

_____

_____

_____

_____

_____

_____

_____

_____

¿Cómo han revelado los fracasos en tu vida lecciones ocultas o nuevos caminos? Mirando atrás, ¿puedes ver cómo el fracaso fue parte de un proceso más grande en tu viaje hacia la quinta dimensión?

_____

_____

_____

_____

_____

_____

_____

_____

> *"**Si confesamos** nuestros pecados, Dios, que **es fiel y justo**, nos los perdonará y nos limpiará de toda maldad."*
>
> **—1 Juan 1:9 (NVI)**

Reflexione sobre el siguiente pasaje:

El autor destaca cómo el fracaso es inevitable, pero Dios ofrece perdón y renovación. ¿Cómo cambia esto tu perspectiva sobre el peso de tu fracaso o pecado como obstáculo para cumplir los sueños que Dios tiene para ti?

_____

_____

_____

_____

_____

_____

_____

_____

Según esta escritura, el rol de Dios es perdonar y limpiar. ¿Cuál es nuestro rol en ese proceso y cómo ves que la confesión encaja en el camino hacia la quinta dimensión?

_____

_____

_____

_____

_____

_____

_____

_____

Según esta escritura, el rol de Dios es perdonar y limpiar. ¿Cuál es nuestro rol en ese proceso y cómo ves que la confesión encaja en el camino hacia la quinta dimensión?

_____

_____

_____

_____

_____

_____

_____

_____

_____

_____

Reflexione sobre Génesis 16:4-5 (NTV): *"Así que Abram tuvo relaciones sexuales con Agar, y ella quedó embarazada. Pero cuando Agar supo que estaba embarazada, comenzó a tratar a su ama Sarai con desprecio. Entonces Sarai le dijo a Abram: '¡Esto es culpa tuya! Puse a mi sierva en tus brazos, pero ahora que sabe que está embarazada, me mira con desprecio. ¡Que el Señor juzgue entre tú y yo!'"* ¿Cómo es qué la actitud de Sarai representa incorrectamente el carácter de Dios en relación con Su respuesta a nuestros fracasos?

_____

_____

_____

_____

_____

_____

_____

¿Hasta qué punto tiendes a quedarte estancado en la tristeza de tus fracasos? ¿Qué deberías hacer en su lugar?

_____

_____

_____

_____

_____

_____

En el libro, el autor relata una discusión pública donde se sintió poco calificado, pero luego se dio cuenta de que sus mayores temores no se cumplieron. ¿Qué puedes aprender de esta historia y cómo puedes aplicar esa lección en tu propio camino?

_____

_____

_____

_____

_____

_____

_____

Proverbios 3:5-6 (NVI) dice, *"Confía en el Señor con todo tu corazón, y no te apoyes en tu propia prudencia. Reconócelo en todos tus caminos, y él enderezará tus veredas."* ¿De qué manera esta escritura aporta claridad sobre cómo Dios utiliza nuestros fracasos para hacernos prosperar?

_____

_____

_____

_____

_____

_____

_____

_____

CAPÍTULO 7

CUANDO LA TRAICIÓN SE CONVIERTE EN PARTE DEL PROCESO

*Los sueños, a menudo frágiles
y esquivos, florecen en la tierra
fértil de la adversidad.*

TIEMPO DE LECTURA

Al leer el Capítulo 7: "Cuando la Traición Se Convierte en Parte del Proceso" en *La Quinta Dimensión*, revise, reflexione, y responda a las siguientes preguntas.

REVISE, REFLEXIONE, Y RESPONDA:

Piensa en un momento en el que alguien cercano a ti traicionó tu confianza. ¿Cómo esa experiencia te estancó o te debilitó para perseguir tus sueños del tamaño de Dios?

_____

_____

_____

_____

_____

_____

_____

_____

_____

¿Cómo sueles reaccionar cuando alguien cercano te decepciona? ¿Tiendes a aislarte, a vengarte o a buscar reconciliación? ¿Cómo podrían esas traiciones revelar la grandeza que hay dentro de ti?

_____

_____

_____

_____

_____

_____

_____

_____

> *"Si un enemigo me insultara, yo lo podría soportar; si un adversario se levantara contra mí, de él me podría esconder. Pero tú, un hombre como yo, mi compañero, mi mejor amigo. Juntos compartíamos dulces conversaciones; con la multitud caminábamos hacia la casa de Dios."*
>
> **—Salmo 55:12-14 (NVI)**

Reflexione sobre el siguiente pasaje:

¿Cómo ha afectado la traición o una relación rota tu relación con Dios? ¿Qué te ayudaría a confiar en Dios nuevamente, incluso cuando las personas te fallan?

_____

_____

_____

_____

_____

_____

Cuando la confianza se quebranta, puede ser tentado(a) a aislarte. ¿Estás retirándote de relaciones significativas debido a heridas pasadas?

_____

_____

_____

_____

_____

_____

¿Hay alguna traición en tu vida que hayas permitido que define tu futuro? ¿Cómo podrías tomar el dolor de esa traición y usarlo como combustible para algo más grande que tú mismo?

_____

_____

_____

_____

_____

_____

_____

_____

_____

_____

_____

_____

_____

_____

Génesis 37:18-19 (NVI) dice, *"Pero lo vieron desde lejos y, antes de que llegara cerca de ellos, conspiraron contra él para matarlo. '¡Ahí viene ese soñador!' dijeron unos a otros."* Según esta escritura, fue el reconocimiento de los hermanos de José de su naturaleza como soñador lo que los amenazó. ¿Cómo se aplica esto a ti?

_____

_____

_____

_____

_____

_____

_____

_____

¿De qué manera podría la traición de otros estar relacionada con tus sueños del tamaño de Dios?

_____

_____

_____

_____

_____

_____

_____

_____

En Job 19:13-14 (NTV), Job lamenta, *"Mis parientes se han alejado; mis amigos cercanos me han abandonado. Mi familia se ha ido, y mis amigos más cercanos me han olvidado."* Lea cómo termina el relato de Job. ¿Cómo podría correlacionarse tu historia con la de Job?

_____

_____

_____

_____

_____

_____

_____

_____

En Salmo 27:10 (NVI), David dice, *"Aunque mi padre y mi madre me abandonen, el Señor me recogerá."* ¿Dónde ves el cuidado de Dios en medio de la traición, pasada o presente?

_____

_____

_____

_____

_____

_____

_____

_____

_____

CAPÍTULO 8

EL FRACASO NO ES EL FINAL

*El fracaso es una clase
intensiva de sabiduría.*

REVISE, REFLEXIONE, Y RESPONDA:

Piensa en un fracaso que inicialmente se sintió como el final del camino. ¿Cómo este capítulo desafía esa noción? ¿Cómo te desafía a ti?

_____

_____

_____

_____

_____

_____

_____

_____

El autor describe fracasos que parecían callejones sin salida pero que terminaron siendo puntos de desatamiento inesperados. ¿Puedes recordar una experiencia personal en la que el fracaso te redirigió hacia un mejor camino o una nueva oportunidad?

_____

_____

_____

_____

_____

_____

_____

> *"El justo podrá caer siete veces, pero volverá a levantarse; en cambio, los malvados caerán en la desgracia."*
>
> **—Proverbios 24:16 (NVI)**

Reflexione sobre el siguiente pasaje:

¿Qué fracaso en tu vida necesitas superar, incluso si ahora parece imposible? ¿Cuál sería un primer paso que podrías tomar para levantarte nuevamente?

_____

_____

_____

_____

_____

_____

_____

_____

_____

Reflexionendo en las lecciones de este capítulo, ¿cuáles son tres maneras en las que podrías adoptar la mentalidad del justo—quien se levanta después de cada caída—para enfrentar contratiempos mientras avanzas hacia la quinta dimensión?

_____

_____

_____

_____

_____

_____

_____

_____

_____

Salmo 37:23-24 (NTV) dice: *"El Señor dirige los pasos de los justos; se deleita en cada detalle de su vida. Aunque tropiecen, nunca caerán, porque el Señor los sostiene de la mano."* ¿Cuál crees que es la diferencia entre tropezar y fracasar?

_____

_____

_____

_____

_____

_____

_____

_____

_____

_____

En Mateo 6:33 (NVI), Jesús nos dice, *"Busquen primero el reino de Dios y su justicia, y todas estas cosas les serán añadidas."* ¿Estás persiguiendo el sueño o al Dador del Sueño? ¿Cómo lo sabes?

_____

_____

_____

_____

_____

_____

_____

El autor relata su viaje a través del fracaso profesional, incluyendo momentos en los que parecía que renunciar era la única opción. ¿Has enfrentado una situación en la que rendirte parecía más fácil que perseverar? ¿Qué te motivó a seguir adelante (o qué te habría ayudado)?

_____

_____

_____

_____

_____

_____

_____

_____

_____

El libro enfatiza que el fracaso no es lo opuesto al éxito, sino parte del proceso. ¿Cuáles son tus fracasos más recientes y cómo podrías enmarcarlos como parte de tu camino hacia el éxito?

_____

_____

_____

_____

_____

_____

_____

1 Corintios 15:57 (NVI) dice, *"**Pero gracias a Dios**, que nos da la victoria por medio de nuestro Señor Jesucristo."* ¿Cómo saber que Dios tiene la última palabra te asegura que tus sueños del tamaño de Dios aún valen la pena?

_____

_____

_____

_____

_____

_____

_____

_____

_____

CAPÍTULO 9

CUANDO EL TIEMPO TRAICIONA

Cuando el tiempo, como traidor, interrumpe el curso de tus sueños, no intentes detener su avance.

TIEMPO DE LECTURA

Al leer el Capítulo 9: "Cuando el Tiempo Traiciona" en *La Quinta Dimensión*, revise, reflexione, y responda a las siguientes preguntas.

REVISE, REFLEXIONE, Y RESPONDA:

El autor comparte la lección que aprendió en un curso de seguridad en motocicletas sobre no resistirse al proceso del retraso. ¿Qué partes de tu viaje hacia tus sueños del tamaño de Dios estás resistiendo? ¿Cómo está afectando eso tu experiencia en el camino?

_____
_____
_____
_____
_____
_____
_____

El autor discute la frustración de invertir tiempo y energía sin ver resultados inmediatos. ¿Hay áreas en tu vida donde sientes que tus esfuerzos son en vano? ¿Qué te mantiene en marcha durante estas temporadas?

_____
_____
_____
_____
_____
_____
_____
_____

> *"Con paciencia esperé que el Señor me ayudara, y él se inclinó hacia mí y oyó mi clamor. Me sacó del foso de la desesperación, del lodo y del pantano. Puso mis pies sobre suelo firme y me mantuvo firme mientras caminaba."*
>
> **—Salmo 40:1-2 (NTV)**

Reflexione sobre el siguiente pasaje:

¿En qué "foso" estás atrapado ahora mismo? ¿Cómo llegaste allí?

_____

_____

_____

_____

_____

_____

_____

_____

¿Cómo sería para el Señor mantenerte firme en este momento, incluso si eso implica seguir soportando el proceso y esperando el cumplimiento final del sueño?

_____

_____

_____

_____

_____

_____

_____

_____

_____

El autor comparte momentos en los que el tiempo se sintió como un enemigo, pero esos retrasos finalmente llevaron a su crecimiento. ¿Hay una situación en tu vida en la que sientas que el tiempo te ha traicionado? ¿En qué áreas crees que Dios quiere que crezcas durante este período de espera?

_____

_____

_____

_____

_____

_____

_____

_____

_____

_____

_____

_____

2 Reyes 8:6 (NTV) describe lo que ocurrió durante la búsqueda de confirmación de que fue Eliseo quien había resucitado al hijo de una mujer: *"El rey le preguntó a la mujer: '¿Es esto cierto?' . . . Y ella le contó la historia. Así que el rey ordenó a uno de sus oficiales que se asegurara de que le devolvieran **todo lo que había perdido**, incluyendo el valor de cualquier cosecha que se hubiera recogido durante su ausencia."* ¿Qué has perdido que te gustaría que el Señor restaurara por completo?

_____

_____

_____

_____

_____

_____

_____

_____

_____

_____

_____

Reflexionendo en la historia del autor, ¿alguna vez te has sentido tentado a tomar un desvío porque las promesas de Dios parecían tardar demasiado? ¿Cómo afectó eso el resultado?

_____

_____

_____

_____

_____

_____

_____

_____

_____

_____

¿Qué puntos crees que Dios está conectando en tu vida? ¿Qué conexiones puedes ver hasta ahora, incluso si aún no ves la imagen completa?

_____

_____

_____

_____

_____

_____

_____

_____

_____

_____

_____

CAPÍTULO 10

VIVIR CON FRACASO Y ÉXITO

*Las consecuencias pueden
ser tu compañera, pero
nunca serán tu dueña.*

REVISE, REFLEXIONE, Y RESPONDA:

Piensa en un momento en el que experimentaste éxito después de una temporada de fracasos. ¿Cómo se sintió ese éxito diferente debido a los fracasos que lo precedieron?

_____

_____

_____

_____

_____

_____

_____

_____

_____

El autor describe cómo el éxito puede ser tan desafiante de manejar como el fracaso. ¿Hay áreas en tu vida donde el éxito ha creado una presión o desafíos inesperados? ¿Cómo los estás gestionando?

_____

_____

_____

_____

_____

_____

_____

_____

> *"Por lo tanto, ya no hay condenación para los que están unidos a Cristo Jesús, pues por medio de él la ley del Espíritu de vida me ha liberado de la ley del pecado y de la muerte."*
>
> **—Romanos 8:1 (NVI)**

Reflexione sobre el siguiente pasaje:

¿Hay fracasos del pasado a los que todavía te estás aferrando, aunque Dios ya te ha perdonado? ¿Cómo puede abrazar la verdad de Romanos 8:1 y liberarte para seguir caminando con confianza?

_____

_____

_____

_____

_____

_____

_____

_____

¿Cómo cambia la forma en que te acercas a tus sueños y metas el hecho de saber que no eres definido por tus fracasos o éxitos?

_____

_____

_____

_____

_____

_____

_____

_____

Reflexione sobre Salmo 103:8-12 (NVI): *"**El Señor es compasivo y misericordioso**, lento para enojarse y **está lleno de amor inagotable**. No nos reprende todo el tiempo, ni guarda rencor para siempre. No nos trata conforme a nuestros pecados, ni nos paga conforme a nuestras iniquidades. Pues su amor inagotable hacia los que le temen es tan inmenso como la altura de los cielos sobre la tierra. Ha alejado de nosotros nuestros pecados tan lejos como está el oriente del occidente."* Mientras avanzas a través de las dimensiones hacia el cumplimiento, ¿qué te está deteniendo para abrazar completamente el amor y la misericordia ilimitados de Dios?

_____

_____

_____

_____

_____

_____

_____

_____

_____

_____

_____

Juan 3:17 (NVI) dice, *"Dios no envió a su Hijo al mundo para condenar al mundo, sino para salvarlo por medio de él."* ¿Hay áreas en tu vida donde todavía estás viviendo bajo condenación? ¿Cómo aceptar plenamente el regalo de salvación de Cristo podría liberarte para perseguir los sueños que Dios ha puesto en ti?

_____

_____

_____

_____

_____

_____

_____

_____

_____

_____

En este capítulo, el autor comparte cómo el éxito puede llevar a la complacencia si no se maneja con cuidado. ¿Hay algún éxito reciente en tu vida que pueda estar tentándote a conformarte o perder el enfoque? ¿Qué pasos puedes tomar para mantenerte alineado con tu propósito?

_____

_____

_____

_____

_____

_____

_____

_____

_____

_____

Reflexionando sobre la dimensión de fracaso y traición, ¿cómo han moldeado tanto el fracaso como el éxito tu avance a través de las cinco dimensiones? ¿Cómo puedes abrazar ambos como parte del plan de Dios para tu vida?

_____

_____

_____

_____

_____

_____

_____

_____

_____

_____

_____

UNA PROBADITA

CAPÍTULO II

ES SOLO UNA MUESTRA

*Un probadita de lo que está
por venir es un recordatorio
de que el sueño sigue vivo.*

Al leer el Capítulo 11: "Es Solo una Muestra" en *La Quinta Dimensión*, revise, reflexione, y responda a las siguientes preguntas.

REVISE, REFLEXIONE, Y RESPONDA:

Piensa en un momento en el que confundiste una "muestra" con el éxito total. ¿Qué pasó? ¿Te sentiste decepcionado porque creíste que habías llegado al destino final?

_____

_____

_____

_____

_____

_____

_____

_____

_____

El autor explica que el nacimiento de Isaac fue solo una muestra/una probadita del cumplimiento prometido a Abraham. ¿Cómo te ayuda esta verdad a entender mejor tu propia situación?

_____

_____

_____

_____

_____

_____

_____

_____

Reflexione sobre el siguiente pasaje:

¿Dónde en tu vida has experimentado una pequeña "muestra" de la bondad de Dios? ¿Cómo ha contribuido esto al panorama general de quién sabes que es Dios hoy?

_____

_____

_____

_____

_____

_____

_____

_____

¿Qué sugiere esta escritura sobre el enfoque de Dios en el cumplimiento de los sueños en nuestras vidas? ¿Por qué comienza con una muestra?

_____

_____

_____

_____

_____

_____

_____

_____

El autor describe momentos en los que pequeñas victorias sirvieron como ánimo en el camino. ¿Hay áreas en tu vida donde has visto estas guiñadas de parte de Dios?

_____

_____

_____

_____

_____

_____

_____

_____

_____

_____

_____

_____

_____

_____

Génesis 15:5 (ESV) dice, *"Entonces el Señor lo llevó afuera y le dijo: 'Mira al cielo y cuenta las estrellas, si es que puedes contarlas.' Luego añadió: 'Así de numerosa será tu descendencia.'"* ¿Puedes identificar la "muestra" que Dios le dio a Abraham en esta escritura? ¿Cómo crees que le habría ido a Abraham sin esta promesa inicial?

_____

_____

_____

_____

_____

_____

_____

_____

_____

_____

_____

¿Cómo puedes evaluar con precisión si estás experimentando una muestra o un cumplimiento total? ¿Cómo deberías responder a la muestra?

_____

_____

_____

_____

_____

_____

_____

_____

_____

_____

_____

_____

_____

"El Señor estaba con José, y las cosas le salían muy bien mientras trabajaba en la casa de su amo egipcio" (Génesis 39:2, ESV). ¿En qué áreas de tu vida estás midiendo el éxito por circunstancias externas? Si tuvieras que redefinirlo, ¿por dónde empezarías?

_____

_____

_____

_____

_____

_____

_____

_____

_____

_____

_____

CAPÍTULO 12

EN UN INSTANTE

No estar completamente presente es perderte el nacimiento de los sueños divinos.

REVISE, REFLEXIONE, Y RESPONDA:

El autor hace la declaración de que "no estar completamente presente es perderte el nacimiento de los sueños divinos." ¿Qué tan presente estás en medio de las distracciones? ¿Qué podrías estar perdiéndote por falta de tu presencia total?

_____

_____

_____

_____

_____

_____

_____

_____

¿Qué tan grande es la brecha entre el estado de tu realidad y tus ambiciones? ¿Qué recordatorios te ha dado Dios para mantener vivas tus ambiciones?

_____

_____

_____

_____

_____

_____

_____

_____

_____

> *"Muy de madrugada, cuando todavía estaba oscuro, Jesús se levantó, salió de la casa y se fue a un lugar solitario, **donde se puso a orar.**"*
>
> **—Marcos 1:35 (ESV)**

Reflexione sobre el siguiente pasaje:

¿Cómo revela esta escritura el poder del silencio y la intimidad con Dios como defensa contra las cosas que te distraen de dónde te está guiando Dios?

_____

_____

_____

_____

_____

_____

Cuando la vida se siente caótica o cambia inesperadamente, ¿qué tan intencional eres al buscar a Dios en lugares tranquilos? ¿Qué podría revelarte Dios si hicieras espacio para orar a través de los cambios que estás enfrentando?

_____

_____

_____

_____

_____

_____

_____

Salmo 19:1 (NVI) dice, *"Los cielos cuentan la gloria de Dios, el firmamento proclama la obra de sus manos."* ¿Cómo te ha revelado Dios su naturaleza como Creador cuando el desánimo estaba en su punto más alto?

_____

_____

_____

_____

_____

_____

_____

_____

_____

_____

_____

¿Hay áreas en las que estás resistiéndote al cambio porque temes perder el control? ¿Cómo podría estar limitando tu esfuerzo por atentar de mantener el control?

_____

_____

_____

_____

_____

_____

_____

_____

_____

_____

En Salmo 119:49-50 (ESV), David declara, *"Recuerda tu palabra a tu siervo, por la cual me diste esperanza. Este es mi consuelo en mi aflicción: que **tu promesa me da vida**."* ¿Qué promesas te ha dado Dios, y estás permitiendo que esas promesas hagan su trabajo de dar vida en ti y a través de ti?

_____

_____

_____

_____

_____

_____

_____

_____

_____

_____

Reflexione sobre el significado de los "dimes" (monedas de diez centavos) en la vida del autor como un recordatorio constante de la presencia y promesas de Dios. ¿Alguna vez has experimentado señales pequeñas y aparentemente aleatorias en tu vida? ¿Cómo podría estar usándolas Dios para guiarte o animarte en esta temporada?

_____

_____

_____

_____

_____

_____

_____

_____

_____

_____

_____

CAPÍTULO 13

¿PUEDES SER CONFIABLE?

Si haces lo que otros no hacen, podrías recibir lo que otros no obtienen.

REVISE, REFLEXIONE, Y RESPONDA:

Piensa en una situación donde te dieron una tarea pequeña que en su momento parecía insignificante. ¿Cómo tu respuesta a ese momento afectó las oportunidades que se te presentaron después?

_____

_____

_____

_____

_____

_____

_____

_____

_____

_____

¿Alguna vez experimentaste una promoción inesperada? ¿Qué eventos llevaron a eso y cómo se conecta con tu fidelidad en lo que Dios te había dado?

_____

_____

_____

_____

_____

_____

_____

_____

_____

Reflexione sobre el siguiente pasaje:

¿En qué área de tu vida sientes que Dios está probando tu fidelidad con cosas pequeñas? ¿Cómo estás respondiendo?

_____

_____

_____

_____

_____

_____

_____

_____

Describe cómo este principio se ha manifestado en tu vida. ¿Qué responsabilidad o oportunidad específica deseas que Dios te confíe, y qué pasos intencionales puedes tomar para convertirte en la persona que puede administrarla bien?

_____

_____

_____

_____

_____

_____

_____

¿Qué responsabilidades has estado evitando porque parecen demasiado pequeñas o insignificantes? ¿Cómo podría estar usando Dios esas cosas para moldear tu carácter para cosas más grandes?

_____

_____

_____

_____

_____

_____

_____

_____

_____

_____

*"José se ganó la confianza de su amo egipcio, y éste lo nombró administrador de su casa y **le confió todo lo que poseía**"* (Génesis 39:4, NVI). ¿Cómo fue que el corazón y las acciones de José antes de este momento le otorgaron este tipo de favor inmerecido?

_____

_____

_____

_____

_____

_____

_____

_____

_____

_____

_____

Una de las parábolas de Jesús (Mateo 25:21, NVI) termina con, *"Su señor le respondió: 'Hiciste bien, siervo bueno y fiel; **has sido fiel** en lo poco; te pondré a cargo de mucho. Ven y **comparte la felicidad de tu señor!**'"* Si la alegría del cumplimiento es algo que compartes con Dios, ¿qué te da la confianza de que Él lo llevará a cabo en tu vida?

_____

_____

_____

_____

_____

_____

_____

_____

_____

_____

_____

_____

Galatas 6:7 (ESV) dice, *"No se engañen: de Dios nadie se burla. Cada uno cosecha lo que siembra."* ¿Qué estás sembrando en tu vida? ¿Qué estás cosechando?

_____

_____

_____

_____

_____

_____

_____

_____

_____

_____

_____

_____

CAPÍTULO 14

NO TE CONFORMES

Conformarse suele ocurrir cuando priorizamos la comodidad inmediata sobre el cumplimiento a largo plazo.

REVISE, REFLEXIONE, Y RESPONDA:

Piensa en un momento en el que tuviste dos opciones: una que parecía atractiva y otra que era incierta pero requería fe. ¿Cómo tomaste tu decisión y qué aprendiste del resultado?

_____

_____

_____

_____

_____

_____

_____

_____

El autor enfatiza que no toda buena oportunidad es lo mejor que Dios tiene para ti. ¿Hay algún área en tu vida donde sientas la tentación de elegir lo que parece más fácil o atractivo? ¿Cómo puedes discernir si realmente viene de Dios?

_____

_____

_____

_____

_____

_____

_____

_____

Reflexione sobre el siguiente pasaje:

¿Cómo enfocarte en las promesas futuras de Dios te ayuda a evitar la tentación de conformarte con lo que parece "lo suficientemente bueno"? ¿Cómo se aplica esto a una situación específica en tu vida ahora mismo?

_____

_____

_____

_____

_____

_____

¿Qué significa "seguir avanzando" en tu temporada actual? ¿Hay un área donde Dios te está llamando a perseverar, incluso cuando el progreso parece lento o invisible?

_____

_____

_____

_____

_____

_____

LA FE ES EL ANTÍDOTO PARA LA MENTALIDAD DE CONFORMARSE.

Considera Génesis 13:10-12 (NVI): *"Lot miró alrededor y vio que toda la llanura del Jordán hacia Zoar era tierra de riego, como el jardín del Señor, como la tierra de Egipto. (Esto ocurría antes de que el Señor destruyera a Sodoma y Gomorra). Entonces Lot escogió para sí toda la llanura del Jordán y partió hacia el oriente. Así se separaron el uno del otro. Abram se quedó a vivir en la tierra de Canaán, mientras que Lot se fue a las ciudades de la llanura y estableció su campamento cerca de Sodoma."* ¿Alguna vez experimentaste arrepentimiento después de conformarte con algo que parecía bueno en ese momento? ¿Cómo podría esa experiencia prepararte para esperar lo mejor de Dios en tu temporada actual?

_____

_____

_____

_____

_____

_____

_____

_____

_____

_____

La decisión de Ruth de dejar atrás la comodidad y seguir a Noemí requirió fe, pero la posicionó para experimentar lo mejor de Dios. ¿Hay algo cómodo en tu vida de lo que necesitas alejarte para entrar en el plan más grande de Dios?

_____

_____

_____

_____

_____

_____

_____

_____

_____

_____

_____

_____

¿Qué pasos prácticos puedes tomar para discernir entre lo que es bueno y lo que es lo mejor de Dios para tu vida?

_____

_____

_____

_____

_____

_____

_____

_____

_____

_____

_____

_____

_____

CAPÍTULO 15

LUGARES INCÓMODOS

Podemos acumular nuestros recursos o permitir que fluyan a través de nosotros para un mayor impacto.

REVISE, REFLEXIONE, Y RESPONDA:

El autor comparte historias personales sobre cómo entrar en situaciones incómodas fortaleció su fe y carácter. ¿Puedes recordar un momento en el que la incomodidad llevó al crecimiento en tu vida? ¿Qué te enseñó esa experiencia sobre ti mismo y sobre Dios?

_____

_____

_____

_____

_____

_____

_____

_____

¿Hay una situación en tu vida en la que sientes que Dios te está llamando a abrazar la incomodidad en lugar de evitarla? ¿Qué podría estar esperando al otro lado de ese desafío?

_____

_____

_____

_____

_____

_____

_____

_____

> *"Dichoso el que resiste la tentación porque, al salir aprobado, recibirá la corona de la vida que Dios ha prometido a quienes lo aman."*
>
> **—Santiago 1:12 (NVI)**

Reflexione sobre el siguiente pasaje:

¿En qué área de tu vida estás enfrentando pruebas o desafíos que parecen agobiante? ¿Cómo puedes cambiar tu perspectiva para verlos como oportunidades de crecimiento y bendición?

_____

_____

_____

_____

_____

_____

_____

¿Estás confiando más en tu propia fuerza que en la de Dios para superar una situación difícil? ¿Cómo está afectando esto tu capacidad para perseverar?

_____

_____

_____

_____

_____

_____

_____

Reflexione sobre Romanos 12:1-2 (ESV): *"Por lo tanto, hermanos, tomando en cuenta la misericordia de Dios, **les ruego que cada uno de ustedes**, en adoración espiritual, ofrezca su cuerpo como sacrificio vivo, santo y agradable a Dios. **No se amolden al mundo actual**, sino sean transformados mediante la renovación de su mente. Así podrán comprobar cuál es la voluntad de Dios, buena, agradable y perfecta."* En tus propias palabras, ¿qué significa ofrecer tu cuerpo como sacrificio vivo en relación con la conformidad?

_____

_____

_____

_____

_____

_____

_____

_____

_____

_____

_____

Considera Génesis 22:1-2 (ESV): *"Tiempo después, Dios puso a prueba a Abraham. Le dijo: '¡Abraham!'* **Aquí estoy**—*respondió. Y Dios le ordenó: Toma a tu hijo, el único que tienes y al que tanto amas, y ve a la región de Moriah. Una vez allí, ofrécelo como holocausto en el monte que yo te indicaré."* ¿Cuál es la importancia de la respuesta de Abraham al llamado de Dios en el contexto de completar tu propio viaje hacia el cumplimiento?

_____

_____

_____

_____

_____

_____

_____

_____

_____

_____

Reflexione sobre las cinco dimensiones que el autor describe. ¿Cómo te ha ayudado el navegar la incomodidad a avanzar a través de estas dimensiones hacia el cumplimiento?

_____

_____

_____

_____

_____

_____

_____

_____

_____

_____

_____

Medita en Lucas 9:24 (ESV): *"El que quiera salvar su vida, la perderá; pero el que pierda su vida por mi causa, la salvará."* ¿De qué manera estás tratando de "salvar" o controlar ciertas áreas de tu vida por miedo a perderlas? ¿Qué consecuencias has notado como resultado?

_____

_____

_____

_____

_____

_____

_____

_____

_____

_____

CUARTA DIMENSIÓN

OBEDIENCIA

CAPÍTULO 16

TERMINA LO QUE EMPEZASTE

¡Tus errores pasados no descarrilarán tu futuro!

TIEMPO DE LECTURA

Al leer el Capítulo 16: "Termina Lo Que Empezaste" en *La Quinta Dimensión,* revise, reflexione, y responda a las siguientes preguntas.

REVISE, REFLEXIONE, Y RESPONDA:

El autor describe la tentación de renunciar a mitad del camino hacia el cumplimiento de un sueño. ¿Qué estás tentado a abandonar en este momento y por qué? ¿Qué necesitarías para mantenerte en el camino?

_____

_____

_____

_____

_____

_____

_____

_____

El autor menciona cómo Abraham no permitió que sus siervos subieran al monte con él e Isaac para evitar que lo desanimaran de hacer lo que Dios le había pedido. ¿Hay alguien en tu vida cuya influencia o desánimo te esté tentando a abandonar lo que Dios te ha llamado a hacer?

_____

_____

_____

_____

_____

_____

_____

_____

> *"Luego los reuní y les dije: 'No les tengan miedo. Acuérdense del Señor, que es grande y temible, y luchen por sus hermanos, por sus hijos, por sus hijas, por sus esposas y por sus hogares.' Cuando nuestros enemigos se dieron cuenta de que conocíamos su plan y de que Dios lo había frustrado, todos regresamos a la muralla, cada uno a su trabajo."*
>
> **—Nehemías 4:14-15 (ESV)**

Reflexione sobre el siguiente pasaje:

Esta escritura describe cómo Nehemías y el pueblo de Jerusalén enfrentaron la oposición mientras reconstruían los muros de la ciudad. ¿Puedes pensar en un momento en el que Dios frustró un plan que se oponía a la obra que Él te llamó a hacer?

_____

_____

_____

_____

_____

_____

¿Quién o qué en tu vida depende de que termines el trabajo que has empezado? ¿Cómo puede eso inspirarte a seguir adelante?

_____

_____

_____

_____

_____

_____

El autor describe cómo la resistencia a menudo aumenta a medida que nos acercamos al momento de la transformación. ¿Has experimentado este tipo de resistencia? ¿Cómo respondiste y qué harás de manera diferente la próxima vez?

_____

_____

_____

_____

_____

_____

_____

_____

_____

_____

_____

¿Dónde podrías necesitar recalibrar tu plan o estrategia para seguir avanzando a través de las cinco dimensiones?

_____

_____

_____

_____

_____

_____

_____

_____

_____

_____

_____

_____

_____

Santiago 1:4 (ESV) dice, *"Y la constancia debe llevar a feliz término la obra, **para que sean perfectos e íntegros**, sin que les falte nada."* ¿Cómo luce la obra perfecta de Dios mientras enfrentas oposición en tu camino hacia el cumplimiento?

_____

_____

_____

_____

_____

_____

_____

_____

_____

_____

_____

_____

Colosenses 3:23-24 (ESV) dice, *"Hagan lo que hagan, **trabajen de buena gana**, como para el Señor y no como para nadie en este mundo, conscientes de que el Señor **los recompensará con la herencia. Ustedes sirven a Cristo el Señor.**"* ¿Qué tan alineado está tu nivel actual de obediencia con el camino que Dios ha trazado para ti hacia el cumplimiento?

_____

_____

_____

_____

_____

_____

_____

_____

_____

_____

LA PERSONA NÚMERO DOS EN UN MUNDO DE NÚMERO UNO

Cuando las circunstancias no son ideales, igual te levantas, te preparas, apareces, y te niegas a rendirte.

Al leer el
Capítulo 17:
"La Persona
Número Dos en
un Mundo de
Número Uno"
en *La Quinta
Dimensión*,
revise,
reflexione, y
responda a
las siguientes
preguntas.

REVISE, REFLEXIONE, Y RESPONDA:

El autor comparte historias personales sobre temporadas en las que sirvió fielmente para impulsar el éxito de otros en lugar de buscar el suyo propio. ¿Qué emociones o pensamientos surgen cuando consideras servir a alguien más como su número dos antes de encontrar tu lugar como número uno?

_____

_____

_____

_____

_____

_____

_____

_____

¿Alguna vez has luchado por encontrar satisfacción en un rol de apoyo mientras otros estaban en el centro de atención? ¿Por qué crees que eso es así?

_____

_____

_____

_____

_____

_____

_____

> *"Cada uno debe usar el don que ha recibido para servir a los demás, administrando fielmente la gracia de Dios en sus diversas formas. Si alguno habla, hágalo como quien expresa las palabras mismas de Dios. Si alguno presta algún servicio, hágalo como quien depende del poder de Dios. Así Dios será en todo alabado por medio de Jesucristo. A él sea la gloria y el poder por los siglos de los siglos. Amén."*
>
> **—1 Pedro 4:10 (NVI)**

Reflexione sobre el siguiente pasaje:

¿Cómo estás actualmente utilizando tus dones para servir a los demás, incluso si eso significa desempeñar un papel detrás de las escenas? ¿Hasta qué punto luchas con administrar esos dones fielmente sin buscar reconocimiento?

_____

_____

_____

_____

_____

_____

_____

¿De qué manera te está Dios llamando específicamente a abrazar el servicio a otros de forma más intencional, incluso cuando el rol parece pasar desapercibido o carece de glamour?

_____

_____

_____

_____

_____

_____

_____

_____

Hechos 20:24 (ESV) dice, *"Sin embargo, considero que mi vida no vale nada para mí mismo,* **con tal de que termine mi carrera** *y el ministerio que recibí del Señor Jesús,* **de dar testimonio del evangelio de la gracia de Dios.**" ¿Cómo reconcilias ver tu vida como insignificante a la luz de la misión de Dios mientras abrazas el valor inherente que Él pone en ti y en la obra que te ha llamado a hacer?

_____

_____

_____

_____

_____

_____

_____

_____

_____

_____

¿Alguna vez te has sentido tentado a empujarte hacia una posición de liderazgo antes del tiempo de Dios? ¿Cómo afectó esa experiencia tu camino? ¿Qué aprendiste de ella?

_____

_____

_____

_____

_____

_____

_____

_____

_____

_____

El autor habla sobre cómo los roles de apoyo suelen ser terrenos de entrenamiento para el liderazgo futuro. ¿En qué áreas de tu vida sientes que Dios te está preparando para una mayor responsabilidad a través de tu rol actual?

_____

_____

_____

_____

_____

_____

_____

_____

_____

Considera Efesios 6:7-8 (NTV): *"**Trabajen con entusiasmo**, como si trabajaran para el Señor y no para la gente. Recuerden que **el Señor recompensará** a cada uno por el bien que haya hecho, sea esclavo o libre."* ¿Hay tareas o responsabilidades que tiendes a descartar como poco importantes o mundanas? ¿Cómo puede el verlas como servicio a Dios cambiar tu actitud y esfuerzo?

_____

_____

_____

_____

_____

_____

_____

_____

_____

_____

_____

_____

CAPÍTULO 18

SACRIFICIO

Lo que hacemos posible para otros, Dios puede hacerlo posible para nosotros.

REVISE, REFLEXIONE, Y RESPONDA:

El autor comparte momentos personales de sacrificio cuando renunciar a algo valioso fue necesario para crecer. ¿Qué sacrificios has tenido que hacer en la búsqueda de tu sueño del tamaño de Dios? ¿Qué te ha costado? ¿Vale la pena? ¿Por qué o por qué no?

_____

_____

_____

_____

_____

_____

_____

_____

¿Cómo entiendes la relación entre sacrificio y obediencia? Usa un ejemplo de tu vida y describe cómo te acercó a una meta o al cumplimiento de un sueño.

_____

_____

_____

_____

_____

_____

_____

_____

> *"Entonces Abraham tomó el cuchillo para matar a su hijo como sacrificio. Pero el ángel del SEÑOR lo llamó desde el cielo: '¡Abraham! ¡Abraham!' 'Aquí estoy,' respondió él. 'No pongas tu mano sobre el muchacho,' dijo. 'No le hagas ningún daño. **Ahora sé que temes a Dios, porque no me has negado a tu hijo,** tu único hijo.'"*
>
> **—Génesis 22:10 (NVI)**

Reflexione sobre el siguiente pasaje:

¿Qué está pidiéndote Dios que entregues, algo que consideras tan valioso como Isaac lo era para Abraham? ¿En qué medida confías en Dios con ese sacrificio?

_____

_____

_____

_____

_____

_____

¿Qué dice la respuesta de Dios a la obediencia de Abraham sobre Su fidelidad para usar tus sacrificios para tu bien? ¿Cómo se ve eso de manera práctica en tu vida?

_____

_____

_____

_____

_____

_____

Leemos en Génesis 15:6 (NVI) que *"Abram creyó al SEÑOR, y el SEÑOR se lo reconoció como justicia."* ¿Cómo habría sido diferente la historia si Abraham hubiera elegido no creer en el SEÑOR en un momento tan crucial? ¿Qué dice esto sobre los efectos de tu fe a largo plazo?

_____

_____

_____

_____

_____

_____

_____

_____

_____

_____

_____

_____

En el libro, el autor comparte que algunos sacrificios se sienten como pérdidas, pero con el tiempo se convierten en bendiciones. ¿Hay una pérdida o cambio reciente que ahora ves como una bendición oculta? ¿Qué cambió en tu perspectiva para ayudarte a verlo de esa manera?

_____

_____

_____

_____

_____

_____

_____

_____

_____

_____

_____

_____

Isaías 1:19 (ESV) dice, *"Si están **dispuestos y obedecen, comerán lo mejor de la tierra**; pero si se niegan y se rebelan, serán devorados por la espada; porque la boca del Señor ha hablado."* ¿Qué emociones despierta esta escritura en ti, y por qué?

_____

_____

_____

_____

_____

_____

_____

_____

_____

_____

_____

_____

Jesús declara en Juan 15:14 (ESV): *"Ustedes son mis amigos si hacen lo que yo les mando."* ¿Estás honrando tu amistad con Jesús en la manera en que navegas los altibajos de las cinco dimensiones?

_____

_____

_____

_____

_____

_____

_____

_____

_____

_____

_____

_____

CAPÍTULO 19

EL MOMENTO MÁS OSCURO

Puede que no tengas control sobre lo que alguien hace, pero tienes control sobre cómo respondas.

TIEMPO DE LECTURA

Al leer el Capítulo 19: "El Momento Más Oscuro" en *La Quinta Dimensión*, revise, reflexione, y responda a las siguientes preguntas.

REVISE, REFLEXIONE, Y RESPONDA:

¿Qué sucede cuando permites que la injusticia, el dolor y la oscuridad produzcan amargura y enojo? ¿Cómo impacta esto tu camino hacia el cumplimiento de tus sueños del tamaño de Dios?

_____

_____

_____

_____

_____

_____

_____

_____

Reflexione sobre un momento en el que enfrentaste correctamente la amargura y otro en el que no lo hiciste. Compara y contrasta los resultados.

_____

_____

_____

_____

_____

_____

_____

_____

_____

> *""Aunque pase por el valle más oscuro, no temeré peligro alguno, porque tú estás conmigo; tu vara y tu cayado me infunden aliento."*
>
> **—Salmo 23:4 (NTV)**

Reflexione sobre el siguiente pasaje:

¿Cuándo has sentido la presencia de Dios y visto Su fidelidad en tus valles más oscuros?

_____

_____

_____

_____

_____

_____

_____

_____

En el pasado, ¿qué te estaba esperando al otro lado de un valle oscuro? ¿Cómo se aplica eso a tu temporada actual?

_____

_____

_____

_____

_____

_____

_____

_____

¿Hay áreas en tu vida donde has permitido que el miedo eche raíces debido a circunstancias difíciles? ¿De qué tienes miedo y cómo puedes usar ese miedo para asegurar tu victoria?

_____

_____

_____

_____

_____

_____

_____

_____

_____

_____

En Salmo 139:11-12 (ESV), el Rey David declara, *"Si digo: 'Ciertamente las tinieblas me cubrirán, y la luz que hay en mí será de noche,' ni aun las tinieblas son oscuras para ti; **la noche brilla como el día**, porque para ti las tinieblas y la luz son iguales."* ¿Cuál es tu interpretación de esta escritura? ¿Cómo se aplica la perspectiva de Dios sobre la luz y la oscuridad a tus circunstancias?

_____

_____

_____

_____

_____

_____

_____

_____

_____

_____

_____

En John 14:27 (NTV), Jesús dice, *"Les dejo un regalo: paz en la mente y en el corazón. Y la paz que yo doy es un regalo que el mundo no puede dar. Así que no se angustien ni tengan miedo."* ¿Puedes recordar un momento en el que experimentaste la paz de Cristo a pesar de enfrentar oposición o pruebas? ¿Qué significó esa paz para ti en ese momento?

_____

_____

_____

_____

_____

_____

_____

_____

_____

_____

_____

Este capítulo destaca que nuestros momentos más oscuros pueden acercarnos más a Dios. ¿Cómo se ha manifestado esta verdad en tu propia vida, y por qué es necesaria en el camino hacia el cumplimiento?

_____

_____

_____

_____

_____

_____

_____

_____

_____

_____

_____

CAPÍTULO 20

UN ACTO MÁS DE OBEDIENCIA

La visión del tamaño de Dios siempre es mayor que el nivel de sacrificio que se nos pide hacer.

REVISE, REFLEXIONE, Y RESPONDA:

¿Cómo se ha visto o se ve tu lucha hacia la meta, ya sea en el pasado o en el presente, cuando estás o estabas al borde del colapso? ¿Cómo quisieras que se vea y qué puedes hacer para asegurarte de que esta vez o la próxima sea diferente?

_____

_____

_____

_____

_____

_____

_____

¿Quién está en tu esquina mientras te preparas para el "tramo final"? ¿Hay alguien en tu vida con quien deberías pasar menos tiempo y alguien con quien deberías priorizar más tiempo para alinearte con la dirección de Dios hacia tu crecimiento?

_____

_____

_____

_____

_____

_____

_____

_____

Reflexione sobre el siguiente pasaje:

¿Cuál es tu reacción inicial ante la idea de que es imposible agradar a Dios sin fe? ¿En qué forma se alinea esta verdad o entra en conflicto con tu nivel actual de confianza en el plan de Dios para tu vida?

_____

_____

_____

_____

_____

_____

¿Cómo puedes seguir buscando a Dios con sinceridad cuando te sientes agobiado(a) por no ver los resultados de tus esfuerzos? Si estuvieras cara a cara con Jesús ahora mismo, ¿qué palabras de ánimo imaginas que te diría para renovar tus fuerzas?

_____

_____

_____

_____

_____

_____

El autor reflexione sobre el poder acumulativo de pequeños actos fieles de obediencia. ¿Puedes recordar un momento en el que un pequeño paso de obediencia abrió la puerta a mayores oportunidades o bendiciones? ¿Cómo moldeó esa experiencia tu fe?

_____

_____

_____

_____

_____

_____

_____

_____

_____

_____

_____

_____

¿Alguna vez te ha llamado Dios a un acto radical de obediencia? ¿Cómo supiste que era la voz de Dios? ¿Cómo respondiste y por qué? ¿Qué ocurrió como resultado de tu respuesta?

_____

_____

_____

_____

_____

_____

_____

_____

_____

_____

En Romanos 4:3 (NVI), Pablo desafía a los judíos a reconsiderar su postura sobre la salvación basada en obras a través de la evidencia de Abraham. Dice, "¿Qué dice la Escritura? 'Abraham creyó a Dios, y eso se le tomó en cuenta como justicia.'" Basado en esta escritura, ¿de qué manera necesitas redirigir tu enfoque para que Dios pueda bendecir tus esfuerzos en el camino hacia el cumplimiento?

_____

_____

_____

_____

_____

_____

_____

_____

_____

Considera lo que Elías le dijo a la viuda en 1Reyes 17:13-14 (NVI): *"**No tengas miedo**. Vuelve a casa y haz lo que pensabas hacer. Pero antes, hazme a mí un panecillo con lo que tienes y tráemelo; luego haz algo para ti y para tu hijo. Porque así dice el Señor, el Dios de Israel: 'No se agotará la harina de la tinaja ni se acabará el aceite del cántaro hasta el día en que el Señor haga llover sobre la tierra.'"* La viuda dio de lo poco que tenía, y Dios lo multiplicó. ¿Qué tienes ahora, ya sea pequeño o grande, que podrías ofrecer al Señor?

_____

_____

_____

_____

_____

_____

_____

_____

_____

_____

_____

_____

QUINTA DIMENSIÓN

CUMPLIMIENTO O PLENITUD

VALIÓ LA PENA EL PROCESO

*La preparación precede
a la promoción.*

Al leer el
Capítulo 21:
"Valió la Pena
el Proceso"
en *La Quinta
Dimensión*,
revise,
reflexione, y
responda a
las siguientes
preguntas.

REVISE, REFLEXIONE, Y RESPONDA:

El autor reflexiona sobre cómo soportar el proceso a menudo revela bendiciones inesperadas. ¿Puedes recordar un momento en el que un proceso difícil finalmente surgió valer la pena?

_____

_____

_____

_____

_____

_____

_____

_____

Observa el viaje de José a través de las cinco dimensiones y describe por qué cada una era necesaria antes de que Dios pudiera cumplir el sueño que le había dado tiempo atrás. ¿Qué podría haber sucedido si José hubiera omitido una o varias dimensiones?

_____

_____

_____

_____

_____

_____

_____

_____

> *"No nos cansemos de hacer el bien, porque a su debido tiempo cosecharemos si no nos damos por vencidos."*
>
> **—Galatas 6:9 (NVI)**

Reflexione sobre el siguiente pasaje:

¿Qué buena obra en tu vida te ha dejado sintiéndote cansado o desanimado? ¿Cómo puedes renovar tus fuerzas para mantenerte enfocado y fiel a la tarea en cuestión?

_____

_____

_____

_____

_____

_____

_____

_____

¿Puedes recordar un momento en el que renunciaste antes de tiempo? ¿Cuáles fueron las consecuencias?

_____

_____

_____

_____

_____

_____

_____

_____

_____

Reflexione sobre Génesis 41:41-46 (NVI): *"Entonces el faraón dijo a José: 'Te pongo al mando de toda la tierra de Egipto.' Luego el faraón se quitó el anillo de sello de su dedo y lo puso en el dedo de José. Lo vistió con ropas de lino fino y le puso un collar de oro en el cuello. Hizo que montara en un carro como su segundo al mando, y la gente gritaba delante de él: '¡Haced camino!' Así lo puso al mando de toda la tierra de Egipto."* ¿Qué aspectos del viaje de José lo prepararon específicamente para este momento de cumplimiento? ¿Cómo es que sus experiencias previas estaban hechas a medida para su asignación futura, y qué dice esto sobre la intencionalidad de Dios en Su obra?

_____

_____

_____

_____

_____

_____

_____

_____

_____

_____

¿Qué meta o sueño sientes que está en el horizonte? ¿Por qué vale la pena esperar por ello?

_____

_____

_____

_____

_____

_____

_____

_____

_____

_____

Considera Job 42:10-12 (NVI): *"Después de haber orado por sus amigos, **el SEÑOR le devolvió su bienestar y le dio el doble de lo que tenía antes.** Todos sus hermanos y hermanas y todos los que lo habían conocido antes vinieron y comieron con él en su casa. Lo consolaron y lo animaron por todos los problemas que el SEÑOR le había enviado, y cada uno le dio una pieza de plata y un anillo de oro. **El SEÑOR bendijo más la última parte de la vida de Job que la primera.**"* ¿Cómo saber que el Señor planea superar lo mejor que has tenido hasta ahora te impulsa a seguir avanzando a través de las dimensiones?

_____

_____

_____

_____

_____

_____

_____

_____

_____

_____

_____

_____

Después de revisar los cinco principios esenciales para alcanzar el cumplimiento (adaptabilidad, fidelidad, mayordomía, conectividad, preparación), ¿cuál resuena más contigo? ¿Dónde se alinean tus fuerzas y cuál representa el mayor desafío para ti?

_____

_____

_____

_____

_____

_____

_____

_____

_____

_____

_____

MÁS GRANDE QUE *TU* SUEÑO

Cuando sales de tu camino para hacer realidad los sueños de otras personas, Dios pondrá personas en tu vida para hacer realidad los tuyos.

Al leer el
Capítulo 22:
"Más Grande
Que *Tu* Sueño"
en *La Quinta
Dimensión*,
revise,
reflexione, y
responda a
las siguientes
preguntas.

REVISE, REFLEXIONE, Y RESPONDA:

El autor reflexiona sobre cómo los planes de Dios a menudo son más grandes que cualquier cosa que podamos imaginar. ¿Alguna vez experimentaste un momento en el que el resultado de Dios superó tu sueño original?

_____

_____

_____

_____

_____

_____

_____

_____

¿Hay áreas en tu vida donde has estado aferrándote demasiado a tu propio sueño? ¿Qué tan dispuesto estás a rendir ese sueño y confiar en Dios para algo aún mayor?

_____

_____

_____

_____

_____

_____

_____

_____

_____

> *"Y a aquel que es capaz de hacer muchísimo más que todo lo que podamos imaginarnos o pedir, por el poder que obra eficazmente en nosotros, ¡a él sea la gloria en la iglesia y en Cristo Jesús por todas las generaciones, por los siglos de los siglos! Amén."*
>
> **—Efesios 3:20 (ESV)**

Reflexione sobre el siguiente pasaje:

¿Qué sueño o meta en tu vida parece demasiado grande o imposible de lograr? ¿Cómo te desafía esta escritura a creer que el poder de Dios obrando dentro de ti puede lograr incluso más de lo que imaginas?

_____

_____

_____

_____

_____

_____

_____

¿Qué estás esperando de Dios? ¿Es tu expectativa demasiado pequeña? ¿Por qué o por qué no?

_____

_____

_____

_____

_____

_____

_____

_____

EL CUMPLIMIENTO DE LOS SUEÑOS DEL TAMAÑO DE DIOS SIEMPRE SUPERARÁ NUESTRAS EXPECTATIVAS O, MEJOR AÚN, CUMPLIRÁ ALGO QUE NI SIQUIERA SABÍAMOS QUE QUERÍAMOS CUMPLIR.

¿Puedes pensar en un momento en el que el plan de Dios superó tus expectativas? Explica. ¿Cómo fortalece esa experiencia tu confianza en lo que Él está haciendo en tu vida en este momento?

_____

_____

_____

_____

_____

_____

_____

_____

_____

_____

_____

Jesús instruye en Lucas 6:38 (NVI), *"**Den**, y se les dará: se volcará sobre su regazo una medida buena, apretada, sacudida y desbordante. Porque con la medida que midan a otros, se les medirá a ustedes."* ¿Qué papel crees que juega el dar en encontrar el cumplimiento de tus sueños del tamaño de Dios?

_____

_____

_____

_____

_____

_____

_____

_____

_____

_____

_____

_____

¿Por qué crees que Dios está tan decidido a superar nuestras expectativas limitadas? ¿Cómo este aspecto de Su carácter pinta una imagen más grande de quién Él es y nos moldea en quienes necesitamos ser para lo que está por venir?

_____

_____

_____

_____

_____

_____

_____

_____

_____

_____

_____

_____

CAPÍTULO 23

¿DE QUIÉN ES EL SUEÑO REALMENTE?

Estoy convencido de que los sueños del tamaño de Dios cambian a las personas.

TIEMPO DE LECTURA

Al leer el Capítulo 23: "¿De Quién es el Sueño Realmente?" en *La Quinta Dimensión*, revise, reflexione, y responda a las siguientes preguntas.

REVISE, REFLEXIONE, Y RESPONDA:

¿En qué formas te ves, hablas y actúas de manera diferente ahora en comparación que antes? ¿Qué usó Dios en tu vida para lograr ese cambio?

_____
_____
_____
_____
_____
_____
_____

¿Cómo ha usado Dios a otras personas para cumplir Su propósito en tu vida, más allá de tus propias ambiciones y deseos, de manera similar a cómo usó al jefe de los coperos para promover a José? ¿A quién está usando Dios en tu vida en este momento?

_____
_____
_____
_____
_____
_____
_____
_____
_____

> *"Entonces José dijo a sus hermanos: 'Acérquense a mí.' Ellos se acercaron, y él continuó: 'Yo soy José, su hermano, el que ustedes vendieron como esclavo a Egipto. Ahora, **no se aflijan ni se reprochen el haberse deshecho de mí, porque Dios me envió delante de ustedes para salvar vidas**. Ya llevamos dos años de hambre en la región, y aún quedan cinco años en los que no habrá siembra ni cosecha. Pero **Dios me envió delante de ustedes para salvarles la vida** de manera extraordinaria y de este modo asegurarles descendencia sobre la tierra. Así que no fueron ustedes, sino Dios quien me envió aquí. Él me ha puesto como asesor del faraón y administrador de toda su casa, y como gobernador de todo Egipto.'"*
>
> **—Génesis 45:4-8 (NVI)**

Reflexione sobre el siguiente pasaje:

¿Qué advertencias puedes tomar de esta escritura sobre la culpa, el rencor y el resentimiento mientras enfrentas la oposición al avanzar por las dimensiones?

_____

_____

_____

_____

_____

_____

¿Qué desafíos o dificultades en tu viaje a través de las cinco dimensiones puedes ahora reconocer como bendiciones de Dios? ¿Cómo puede el transformar tu perspectiva llevarte de la culpa a la gratitud?

_____

_____

_____

_____

_____

_____

_____

_____

El autor enfatiza que los sueños de Dios siempre están vinculados a un propósito más grande que nosotros mismos. ¿Qué relaciones o comunidades impactaría tu sueño si lo siguieras con el propósito de Dios en mente?

_____

_____

_____

_____

_____

_____

_____

_____

_____

_____

¿Dónde has visto la sabiduría divina de Dios guiando tu camino de maneras que sabes que no podrían haber venido de tu propio entendimiento?

_____

_____

_____

_____

_____

_____

_____

_____

_____

_____

_____

_____

En Hechos 17:28 (NVI), Lucas escribe, *"Porque en él vivimos, nos movemos y existimos, como algunos de sus propios poetas han dicho: 'De él somos descendencia.'"* ¿Cómo se relaciona el vivir, movernos y existir en Dios con Su carácter como Dador de Sueños?

_____

_____

_____

_____

_____

_____

_____

_____

_____

_____

_____

_____

_____

¿Qué estás esperando resolver antes de continuar tu viaje hacia el cumplimiento? ¿Cómo podría el tomar el siguiente paso de fe desbloquear el cumplimiento de tu sueño del tamaño de Dios?

_____

_____

_____

_____

_____

_____

_____

_____

_____

_____

_____

CAPÍTULO 24

OLVIDANDO EL DOLOR

*No puedes arreglar tu pasado,
¡pero sí puedes establecer nuevos
estándares para el futuro!*

TIEMPO DE LECTURA

Al leer el Capítulo 24: "Olvidando el Dolor" en *La Quinta Dimensión*, revise, reflexione, y responda a las siguientes preguntas.

REVISE, REFLEXIONE, Y RESPONDA:

¿Qué recuerdos de tu pasado estás reteniendo que te paralizan de tu progreso? Escribe una oración personalizada pidiéndole a Dios que sane esas áreas y te libere para recibir cosas mayores.

_____
_____
_____
_____
_____
_____
_____
_____
_____

¿Qué recuerdos dolorosos del pasado has enterrado pero necesitan ser tratados?

_____
_____
_____
_____
_____
_____
_____
_____
_____
_____

> *"Y después de que hayan sufrido un poco de tiempo, el Dios de toda gracia, que los llamó a su gloria eterna en Cristo, Él mismo los restaurará, confirmará, fortalecerá y establecerá."*
>
> **—1 Pedro 5:10 (ESV)**

Reflexione sobre el siguiente pasaje:

¿De qué maneras el sufrimiento a través de las cinco dimensiones te ha otorgado mayor fortaleza?

_____

_____

_____

_____

_____

_____

_____

_____

¿Cómo puedes hablar sobre el carácter temporal de tu sufrimiento, dado la promesa mostrada en esta escritura?

_____

_____

_____

_____

_____

_____

_____

Reflexionando sobre las cinco dimensiones, ¿cómo te ha preparado cada paso del proceso para esta etapa final? ¿Qué lecciones específicas llevarás contigo mientras avanzas hacia esta nueva temporada?

_____

_____

_____

_____

_____

_____

_____

_____

_____

_____

_____

_____

Génesis 41:51-52 (ESV) dice, *"José llamó al primogénito Manasés, porque dijo: 'Dios me ha hecho olvidar todo mi sufrimiento y toda la casa de mi padre.' Al segundo lo llamó Efraín, porque dijo: 'Dios me ha hecho fructífero en la tierra de mi aflicción.'"* Describe cómo el ser sanado(a) de una dificultad específica produjo gran fruto en tu vida y presenta una visión clara de lo que eso podría significar ahora.

_____

_____

_____

_____

_____

_____

_____

_____

_____

_____

_____

Salmo 34:17 (ESV) declara, *"Los justos claman, y el Señor los escucha y los libra de todas sus angustias. El Señor está cerca de los quebrantados de corazón y salva a los de espíritu abatido. Muchas son las aflicciones de los justos, pero de todas ellas los libra el Señor."* ¿Qué está quebrantando tu espíritu, y qué necesita suceder para superar ese obstáculo opresivo?

_____

_____

_____

_____

_____

_____

_____

_____

_____

_____

_____

_____

¿Qué de tu pasado te gustaría dejar atrás, y qué nuevos estándares quisieras establecer para el futuro?

_____

_____

_____

_____

_____

_____

_____

_____

_____

_____

CAPÍTULO 25

¿LISTO PARA OTRO CICLO?

No regresas al principio. En cambio, creces desde el principio.

TIEMPO DE LECTURA

Al leer el Capítulo 25: "¿Listo para Otro Ciclo?" en *La Quinta Dimensión*, revise, reflexione, y responda a las siguientes preguntas.

REVISE, REFLEXIONE, Y RESPONDA:

En tus propias palabras, describe el proceso de las cinco dimensiones y detalla cómo funciona. ¿Por qué no es lineal, sino cíclico? ¿Qué evidencia tienes en tu vida de la naturaleza cíclica de las dimensiones?

_____

_____

_____

_____

_____

_____

_____

_____

_____

Si has llegado a tu cumplimiento, ¿qué sigue para ti? Si no, ¿qué sientes que Dios está preparando para ti después del cumplimiento de tu sueño?

_____

_____

_____

_____

_____

_____

_____

_____

_____

> *"Aquel día Moisés me juró: 'La tierra por donde has caminado será tu herencia y la de tus hijos para siempre, porque has seguido al SEÑOR mi Dios con todo el corazón.'*
>
> *"Ahora bien, tal como el SEÑOR lo prometió, me ha mantenido con vida durante cuarenta y cinco años desde el tiempo en que le dijo esto a Moisés, mientras Israel vagaba por el desierto. Así que aquí estoy hoy, con ochenta y cinco años de edad. Todavía soy tan fuerte hoy como el día en que Moisés me envió; tengo el mismo vigor para salir a la batalla ahora como entonces. Dame, pues, este monte que el SEÑOR me prometió aquel día. Tú mismo oíste entonces que los anakitas estaban allí y que sus ciudades eran grandes y fortificadas, pero, con la ayuda del SEÑOR, los expulsaré tal como él dijo."'*
>
> **—Josué 14:9-14 (NVI)**

Reflexione sobre el siguiente pasaje:

Basándote en tu estado mental actual, ¿qué tan dispuesto estás a seguir El Señor, incluso cuando enfrentas desafíos y dificultades?

_____

_____

_____

_____

_____

_____

¿Qué puedes aprender de la confianza de Caleb en su fidelidad al Señor y su posición como receptor legítimo de la promesa de Dios? ¿De qué te ha considerado Dios un receptor legítimo, y qué harás para alinear tu realidad con esa promesa?

_____

_____

_____

_____

_____

_____

_____

Medita en 2 Corintios 3:18 (ESV): *"Y todos nosotros, con el rostro descubierto, contemplando la gloria del Señor, somos transformados en la misma imagen **de un grado de gloria a otro**. Pues esto viene del Señor, que es el Espíritu."* ¿Qué significa para ti personalmente ser transformado de un grado de gloria a otro?

_____

_____

_____

_____

_____

_____

_____

_____

_____

_____

_____

Números 23:19 (ESV) dice, *"Dios no es hombre, para que mienta, ni hijo de hombre, para que cambie de parecer. ¿Ha dicho, y no hará? ¿Ha hablado, y no cumplirá?"* ¿Cómo desafía esta escritura las dudas que tienes sobre Dios hoy?

_____

_____

_____

_____

_____

_____

_____

_____

_____

_____

Ahora que estás familiarizado con los detalles y características de las cinco dimensiones, ¿en cuál dimensión te encuentras actualmente, y qué acciones necesitas tomar para seguir avanzando?

_____

_____

_____

_____

_____

_____

_____

_____

_____

_____

_____

_____

¿Cuáles son tres pasos de acción que puedes comenzar a tomar hoy para apoyar tu avance hacia el cumplimiento de tu sueño en consonancia con tu posición actual en el proceso de la quinta dimensión?

_____

_____

_____

_____

_____

_____

_____

_____

_____

_____

_____

_____

_____

LLAMADO A LA SALVACIÓN

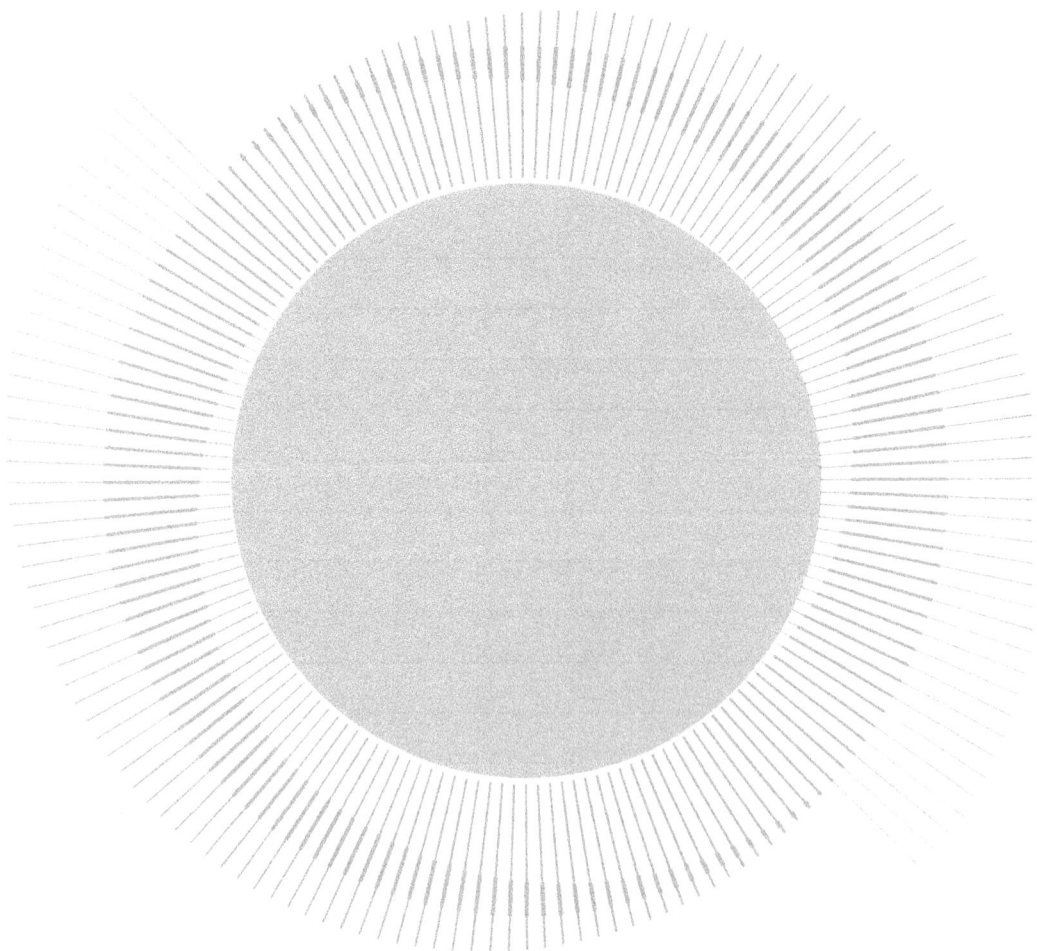

La Biblia nos dice en Romanos 10:9 (NVI), *"Si confiesas con tu boca que 'Jesús es el Señor' y crees en tu corazón que Dios lo levantó de entre los muertos, serás salvo."*

El amor de Dios por ti es incondicional, y Su deseo es que experimentes vida eterna a través de una relación personal con Jesucristo. No importa dónde has estado o qué has hecho, Sus brazos están abiertos, listos para recibirte. Hoy, puedes dar el paso hacia la vida que Dios tiene para ti, una vida llena de perdón, propósito y esperanza. Todo lo que necesitas es fe y disposición para recibir Su regalo de salvación.

Si sientes un llamado en tu corazón para rendir tu vida a Cristo, puedes responder ahora mismo con esta sencilla oración de fe:

Padre Celestial,

Hoy vengo ante Ti con un corazón abierto, listo para recibir Tu amor y Tu perdón. Confieso con mi boca que Jesús es el Señor y creo en mi corazón que Tú lo levantaste de entre los muertos. Rindo mi vida a Ti, confiando en que tienes un plan para mí, un plan que es bueno.

Perdona mis pecados y hazme una nueva creación. Lléname con Tu Espíritu Santo para que pueda caminar en la plenitud de vida que me has prometido. Ayúdame a confiar en Ti en cada paso del camino y a seguir a Jesús todos los días de mi vida.

Gracias por Tu gracia, Tu misericordia y el regalo de la salvación. Declaro que ahora soy un hijo de Dios, salvo por Tu amor. En el nombre de Jesús, oro. Amén.

Si has hecho esta oración sinceramente, la Biblia te asegura que eres salvo. ¡Bienvenido a la familia de Dios! Te animamos a conectarte con una iglesia local o una comunidad de fe para crecer en tu nueva relación con Cristo.

¡Bendiciones hoy y siempre!

)

www.ingramcontent.com/pod-product-compliance
Lightning Source LLC
Chambersburg PA
CBHW062107080426
42734CB00012B/2778